X. ~~3843~~

~~M. 31~~

L.n^{27} 10995
A

ÉLOGE
DE LA FONTAINE,

Qui a concouru pour le Prix de l'Académie de Marseille, en 1774.

Par M. de la HARPE.

Quando ullum invenient parem?
Hor.

A PARIS,

Chez LACOMBE, Libraire, rue Chriftine.

M. DCC. LXXIV.

ÉLOGE
DE LA FONTAINE.

Il est donc auſſi des honneurs publics pour l'homme ſimple & le talent aimable! Ainſi donc la Poſtérité, plus promptement frappée en tout genre de ce qui ſe préſente à ſes yeux avec un éclat impoſant, occupée d'abord de célébrer ceux qui ont produit des révolutions mémorables dans l'eſprit humain[1], ou qui ont régné ſur les peuples par les puiſſantes illuſions du Théâtre[2]; la Poſtérité a tourné ſes regards ſur un Homme, qui, ſans avoir à lui offrir des titres auſſi magnifiques, ni d'auſſi grands mo-

---

[1] Deſcartes.
[2] Corneille & Racine.

ÉLOGE

numens, ne méritoit pas moins son attention & ses hommages; sur un Écrivain original & enchanteur, le premier de tous dans un genre d'ouvrage plus fait pour être goûté avec délices, que pour être admiré avec transport; à qui nul n'a ressemblé dans le talent de raconter; que nul n'égala jamais dans l'art de donner des grâces à la raison, & de la gaîté au bon sens; sublime dans sa naïveté, & charmant dans sa négligence; sur un homme modeste qui a vécu sans éclat en produisant des chef-d'œuvres, comme il vivait avec sagesse en se livrant dans ses écrits à toute la liberté de l'enjouement; qui n'a jamais rien prétendu, rien envié, rien affecté; qui devait être plus relu que célébré, & qui obtint plus de renommée que de récompense; Homme d'une simplicité rare, qui, sans doute, ne pouvait pas ignorer son génie, mais ne l'appréciait pas, & qui même, s'il pouvait être témoin des honneurs qu'on lui rend aujourd'hui, serait étonné de sa gloire, & aurait besoin qu'on lui révélât le secret de son mérite.

DE LA FONTAINE.

Une illustre Académie a proclamé La Fontaine, & toutes les voix ont applaudi. Pour le louer, l'homme sensible a desiré d'avoir du talent, & le talent a souhaité de s'approcher du génie. Un Étranger généreux semble s'être chargé d'offrir à sa mémoire les tributs de l'Europe lettrée, en enrichissant la couronne de l'Orateur. Il s'est honoré, sans doute ; mais pouvait-il ajouter à l'émulation ? Quiconque est digne de louer La Fontaine, peut-il le louer autrement que pour lui-même ? Ses Panégyristes sont récompensés d'avance en le lisant. Il est doux de parler de ses plaisirs. Mais ces plaisirs sont ceux de l'ame & du goût. Est-il si facile de s'en rendre compte ? Définit-on ce qui nous plaît ? Peut-on discuter ce qui nous charme ? Quand nous croirons avoir tout dit, le Lecteur ouvrira La Fontaine, & se dira qu'il en a senti cent fois davantage ; & , peut-être, si ce génie heureux & facile pouvait lire ce que nous écrivons à sa louange, peut-être nous dirait-il avec son ingénuité naturelle : Vous

vous donnez bien de la peine pour expliquer comment j'ai su plaire ; il m'en coûtait bien peu pour y parvenir.

PREMIÈRE PARTIE.

L'ENFANCE & l'éducation de LA FONTAINE n'ont rien de remarquable. Il eſt du nombre des Génies qui n'ont point eu d'aurore, & qui du moment où ils ont été avertis de leur force, ſe ſont élevés à la hauteur où ils devoient atteindre, pour n'en plus deſcendre jamais. Nous obſerverons ſeulement que ſa naiſſance fut placée près de celle de Molière, comme ſi la Nature eût pris plaiſir à produire preſque en même-temps les deux Eſprits les plus originaux du ſiècle le plus fécond en grands Hommes. Il avait atteint l'âge de vingt-deux ans, & ſon talent pour la Poéſie, celui de tous qui eſt le plus prompt à ſe manifeſter, parce qu'il appartient plus immédiatement à la Nature, & qu'il dépend moins de la réflexion, n'était pas même encore ſoupçonné. C'eſt une tradition reçue, qu'une Ode de Malherbe qu'on lut devant lui, fit jaillir les premières étincelles de ce feu qui dormoit. Le jeune Homme parut frappé d'un sentiment nouveau; il semblait qu'il eût attendu le moment de dire : je suis Poëte. Il le fut dès-lors en effet. C'étoit le temps où tout naissait en France. Nourri de la lecture des Auteurs anciens, il trouvait peu de modèles dans ceux de son pays. Mais en avait-il besoin ? Doué de facultés si heureuses, mais peu porté à les interroger, par une suite de cette indolence, l'un de ses caractères particuliers, il fallait seulement qu'on l'instruisît de ce qu'il pouvait. Quelques Stances de Malherbe lui apprirent, en flattant son oreille, combien il était sensible au plaisir de l'harmonie. L'harmonie est la langue du Poëte; il sentit que c'était la sienne. La gaîté qu'il goûta dans Rabelais éveilla dans lui cet enjouement si vrai qui anime tous ses écrits. Il aimait à trouver dans Marot des traces de cette naïveté dont lui-même devait être le modèle. Les images pastorales & champêtres prodiguées dans d'Urfé, devaient plaire à cette ame douce dont tous les goûts étaient toujours si près de la Nature. L'imagination du conteur Bocace avait des rapports avec celle d'un Homme singulièrement né pour raconter. Telles étaient alors les richesses de la littérature moderne, & tels étaient aussi les Auteurs les plus familiers à LA FONTAINE. Ils furent ses favoris, mais non pas ses maîtres. Et quelle différence, quelle distance d'eux tous à lui ! Apperçoit-on dans ses Ouvrages un trait qui ait l'air d'être emprunté ? Tout n'est-il pas empreint d'un caractère particulier ? Oui, sans doute, & c'est la première qualité qui se présente d'abord dans son Éloge, son originalité.

TOUS LES ESPRITS agissent nécessairement les uns sur les autres, se prennent & se rendent plus ou moins, se fortifient ou s'altèrent par le choc mutuel, s'éclairent ou s'obscurcissent par la communication des vérités ou des erreurs, se perfectionnent ou se corrompent par l'attrait du bon goût ou par la contagion du mauvais; & de là ces rapports inévitables entre les productions du talent, quand le temps les a multipliées. Il serait même possible qu'il se formât un Esprit, qui serait la perfection de tous les Esprits, qui, empruntant quelque chose de chacun, vaudrait mieux que tous; & cette espèce de génie, ce beau présent du Ciel, ne pourrait être réservé qu'au siècle qui suivrait celui de la renaissance des arts, & dans lequel la dernière opération de l'esprit humain serait de se replier sur ses créations premières, de calculer & de juger ses richesses, & de se rendre compte de ses efforts. Il est un autre genre de gloire, rare dans tous les temps, même dans celui où les arts commençant à refleurir, chaque homme se fait son partage & se saisit de sa place; un attribut inestimable, fait pour plaire à tous les hommes, par l'impression qu'ils desirent le plus, celle de la nouveauté : c'est ce tour d'esprit particulier qui exclut toute ressemblance avec les autres; qui imprime sa marque à tout ce qu'il produit; qui semble tirer tout de lui-même, en donnant une forme nouvelle à tout ce qu'il emprunte ; toujours piquant, même dans ses irrégularités, parce que rien ne serait irrégulier comme lui ; qui peut tout hasarder, parce que tout lui sied ; qu'on ne peut imiter, parce qu'on n'imite point la grâce ; qu'on ne peut traduire en aucune langue, parce qu'il en a une qui lui est propre. Esope, Phèdre, Pilpay, avaient fait des Fables. Un homme vient, qui les prend toutes, & ces Fables ne sont plus celles d'Esope, de Phèdre, de Pilpay ; ce sont celles DE LA FONTAINE. On nous crie : il n'a presque rien inventé. Il a inventé sa manière d'écrire, & cette invention n'est pas devenue commune. Elle lui est restée toute entière. Il en a trouvé le secret, & l'a gardé. Il n'a jamais été ni imitateur ni imité. A ce double titre, quel homme peut se vanter d'être plus original ?

CETTE QUALITÉ, quand elle se rencontre dans les ouvrages, tient nécessairement au caractère de l'Auteur. Un homme très-recueilli en lui-même, se répandant peu au dehors, rempli & préoccupé de ses idées, presque toujours étranger à celles qui circulent autour de lui, doit demeurer tel que la Nature l'a fait. S'il en a reçu un goût dominant, ce goût ne sera jamais ni affoibli, ni partagé. Tout ce qui sortira de ses mains aura un trait particulier & ineffaçable. Ceux qui le chercheront hors de son talent, ne le retrouveront plus. Molière si gai, si plaisant dans ses écrits, était triste dans la société. La Fontaine, ce conteur si aimable la plume à la main, n'était plus rien dans la conversation. Ainsi tout est compensé en tout genre, & toute perfection tient à des sacrifices. Pour être un peintre si vrai, il falloit que Molière fût porté à observer, & l'observation rend triste. Pour s'intéresser si bonnement à Jeannot lapin & à Robin mouton, il falloit avoir le caractère d'un enfant, qui, préoccupé de ses jeux, ne regarde pas autour de lui, & La Fontaine était distrait. C'est en s'amusant de son talent, en conversant avec ses bons amis les animaux, qu'il parvenait à charmer ses lecteurs auxquels peut-être il ne songeait guères. C'est par cette disposition qu'il devint un conteur si parfait. Il prétend quelque part que Dieu *mit au monde Adam le nomenclateur, lui disant: te voilà; nomme.* On pourroit dire que *Dieu mit au monde* LA FONTAINE *le conteur, lui disant: te voilà; conte.*

CE DON de narrer, il l'appliqua tour-à-tour à deux genres différens, à l'Apologue moral qui a l'instruction pour but, & au conte plaisant qui n'a pour objet que d'amuser. Il réussit au plus haut degré dans tous les deux. Parlons d'abord du premier. C'est celui sur lequel il convient de s'étendre davantage; c'est le plus important, le plus parfait; c'est la principale gloire de LA FONTAINE, & cette gloire n'est mêlée d'aucun reproche.

L'HOMME a un penchant naturel à entendre raconter. La Fable pique sa curiosité & amuse son imagination. Elle est de la plus haute antiquité. On trouve des paraboles dans les plus anciens monumens de tous les Peuples. Il semble que de tout temps la vérité ait eu peur des hommes, & que les hommes ayent eu peur de la vérité. Quel que soit l'inventeur de l'Apologue, soit que la raison timide dans la bouche d'un esclave ait emprunté ce langage détourné pour se faire entendre d'un Maître, soit qu'un Sage voulant la réconcilier avec l'amour-propre, le plus superbe de tous les Maîtres, ait imaginé de lui prêter cette forme agréable & riante ; quoi qu'il en soit, cette invention est du nombre de celles qui font le plus d'honneur à l'esprit humain. Par cet heureux artifice, la vérité, avant de se présenter aux hommes, compose avec leur orgueil, & s'empare de leur imagination. Elle leur offre le plaisir d'une découverte, leur sauve l'affront d'un reproche & l'ennui d'une leçon. Occupé à démêler le sens de la Fable, l'esprit n'a pas le temps de se révolter contre le précepte. Quand la raison se

montre à la fin, elle nous trouve défarmés.
Nous avons en fecret prononcé contre nous-
mêmes l'Arrêt que nous ne voudrions pas entendre d'un autre : car nous voulons bien quelquefois nous corriger; mais nous ne voulons
jamais qu'on nous condamne.

A LA MORALITÉ fimple & nue des récits
d'Efope, Phèdre joignit l'agrément de la Poëfie.
On connoît la pureté de fon Style, fa précifion,
fon élégance. Le livre de l'Indien Pilpay n'eft
qu'un tiffu fort embrouillé de paraboles mêlées
les unes dans les autres, & furchargées d'une
morale prolixe, qui manque fouvent de juf-
teffe & de clarté. Les Peuples qui ont une littérature perfectionnée, font les feuls chez qui
l'on fache faire un livre. Si jamais on eft obligé
d'avoir rigoureufement raifon, c'eft fur-tout
lorfqu'on fe propofe d'inftruire. Vous voulez
que je cherche une leçon fous l'enveloppe allé-
gorique dont vous la couvrez. J'y confens :
mais fi l'application n'eft pas très-jufte, fi vous

n'allez pas directement à votre but, je me ris de la peine gratuite que vous avez prise, & je laisse là votre énigme qui n'a point de mot. Quand LA FONTAINE puise dans Pilpay, dans Aviénus & dans d'autres Fabulistes moins connus, les récits qu'il emprunte, rectifiés pour le fonds & la morale, & embellis de son Style, forment le plus souvent des résultats nouveaux qui suppléent chez lui le mérite de l'invention. On y remarque par-tout une raison supérieure. Cet esprit si simple & si naïf dans le récit, est très-juste & même très-fin dans la morale & les réflexions. Car la simplicité du ton n'exclut point la finesse de la pensée ; elle n'exclut que l'affectation de la finesse. Veut-on un exemple d'un Eloge singulièrement délicat & de l'allégorie la plus heureuse ? Lisez cette Fable adressée à l'Auteur du Livre des Maximes, au célèbre La Rochefoucault. Je la choisis de préférence, parce qu'elle appartient à LA FONTAINE. Quoi de plus ingénieusement imaginé pour louer un Livre d'une morale piquante, qui plaît

plaît à ceux même qu'il censure, que de le comparer au cryftal d'une eau tranfparente, où l'homme vain qui craint tous les miroirs, parce qu'il n'en a jamais trouvé d'affez flatteurs, apperçoit malgré lui fes traits, dont il veut en vain s'éloigner, & vers laquelle il revient toujours? Peut-on louer avec plus d'efprit? Mais à quoi penfé-je? Me pardonnera-t-on de louer l'efprit dans LA FONTAINE? Quel homme fut jamais plus au-deffus de ce qu'on appelle efprit? O qu'il poffédait un don plus éminent & plus précieux! Cet art d'intéreffer pour tout ce qu'il raconte, en paraiffant s'y intéreffer lui-même de fi bonne foi; art inconnu à tous les autres Fabuliftes; art qui chez lui n'en étoit pas un, qui n'étoit qu'une fuite naturelle de cette aimable fimplicité, de cette *bonhommie*, devenue dans la poftérité un de fes attributs diftinctifs; mot vulgaire ennobli en faveur de deux hommes rares, Henri IV & LA FONTAINE. *Le Bon-Homme*: voilà le nom que lui a donné la Poftérité; & lorfqu'on penfe que ce nom ne

B

rappelle pas seulement le caractère de ses écrits, mais celui de son ame, sa bonté loyale, sa candeur naïve, alors on est tenté d'interrompre toutes ces louanges qui sont si loin de valoir la lecture d'une de ses Fables, de s'adresser à lui comme s'il pouvait nous entendre, de lui dire : « O bon La Fontaine ! homme
» unique & excellent ! parais dans cette assem-
» blée ; viens t'assoir un moment parmi nous ;
» nous te couvrirons des fleurs que nous ré-
» pandons autour de ton Image. Peut-être les
» honneurs flattent-ils peu ton ame modeste
» & tranquille, & la vaine éloquence du pa-
» négyrique est trop au-dessous de toi : mais tu
» es sensible au plaisir d'être aimé, & c'est-là
» l'hommage unanime que nous t'offrons pour
» récompense du plaisir que tu nous as donné
» tant de fois. »

Je m'écarte, je le sens ; j'oublie un moment les Ouvrages pour m'occuper de l'Auteur. Il est bien difficile de mettre de l'art dans un

Éloge dicté tout entier par le cœur. Je suis bien plus sûr d'aimer LA FONTAINE que je ne suis sûr de le bien louer. Je me livre à ce que je sens, & je perds de vue ce que je dois écrire. Revenons à ce charme singulier qui naît de l'illusion complette où il est lui-même, & que vous partagez. Il a fondé parmi les animaux des Monarchies & des Républiques. Il en a composé un monde nouveau, beaucoup plus moral que celui de Platon. Il y habite sans cesse ; & qui n'aimerait à y habiter avec lui ? Il en a réglé les rangs pour lesquels il a un respect profond dont il ne s'écarte jamais. Il a transporté chez eux tous les titres & tout l'appareil de nos dignités. Il donne au roi Lion un Louvre, une Cour des Pairs, un sceau royal, des officiers, des médecins ; & quand il nous représente le Loup qui *daube au coucher du roi* son camarade le Renard, il est clair qu'il a assisté au coucher, & qu'il en revient pour nous conter ce qui s'est passé. Cette bonne foi si plaisante ne l'abandonne jamais. Jamais il ne manque à ce

B ij

qu'il doit aux Puissances qu'il a établies. C'est toujours *Nosseigneurs les Ours , Nosseigneurs les Chevaux , Sultan Léopard , Dom Courfier ;* & les parens du Loup, *gros Messieurs qui l'ont fait apprendre à lire !* Ne voit-on pas qu'il vit avec eux, qu'il s'est fait leur Concitoyen , leur Ami, leur Confident ? Oui , sans doute, leur Ami. Il les aime véritablement ; il entre dans tous leurs intérêts ; il met la plus grande importance à leurs débats. Ecoutez la Belette & le Lapin plaidant pour un terrier. Est-il possible de mieux discuter une cause ? Tout y est mis en usage, coutume , autorité, droit naturel , généalogie. On y invoque les *dieux hospitaliers.* Ce sérieux qui est si plaisant excite en nous ce rire de l'ame que ferait naître la vue d'un enfant heureux de peu de chose. Ce sentiment doux , l'un de ceux qui nous font le plus chérir l'enfance, nous fait aussi aimer LA FONTAINE.

LA PLUPART de ses Fables sont des scènes parfaites pour les caractères & le dialogue.

Tartufe parlerait-il mieux que le Chat pris dans les filets, qui conjure le Rat de le délivrer, l'aſſurant qu'il l'a toujours *aimé comme ſes yeux*, & qu'il étoit ſorti *pour aller faire ſa prière, comme tout devot Chat en uſe les matins* ? Dans cette Fable ſublime des Animaux malades de la peſte, quoi de plus parfait que la confeſſion de l'Âne ? Comme toutes les circonſtances ſont faites pour atténuer ſa faute !

La faim, l'occaſion, l'herbe tendre, &, je penſe,
    Quelque Diable auſſi me pouſſant,
Je tondis de ce pré la largeur de ma langue.

COMMENT tenir à ces traits-là ? On en citerait cent de cette force. Mais il faut s'en rapporter à la mémoire & au goût de ceux qui aiment LA FONTAINE ; & qui ne l'aime pas ?

CET INTÉRÊT qu'il prend à ſes perſonnages & qui nous divertit, paraît quelquefois ſous une autre forme, & devient attendriſſant; comme dans cette belle Fable où le Serpent accuſé d'ingratitude invoque le témoignage de la Vache. Les plaintes de celle-ci peuvent-elles être plus touchantes ? Elle rappelle tous ses services.

Enfin me voilà vieille; il me laisse en un coin,
Sans herbe : s'il voulait encor me laisser paître !
Mais je suis attachée, & si j'eusse eu pour maître
Un Serpent, eût-il su jamais pousser si loin
L'ingratitude ?

QUEL LANGAGE ? Peut-on n'en être pas ému ? Le cœur ne vous parle-t-il pas en faveur de l'animal qui se plaint ? Le Fabuliste fait de ses Animaux ce qu'un Dramatique habile fait de ses Acteurs. Il observe les mêmes convenances dans le ton & dans les mœurs ; & l'intérêt & l'illusion ne sauroient aller plus loin.

A TANT DE QUALITÉS qui dérivent d'un genre d'esprit qui lui était particulier, de sa manière de concevoir & de sentir, de son imagination facile & flexible, se joint le charme inexprimable de son Style ; don qui couronne tous les autres ; don précieux de la Nature qui l'avoit créé grand Poëte. C'est ici peut-être que l'on pourrait attendre des idées générales sur la manière d'écrire la Fable. Mais les préceptes ennuyent & les modèles instruisent. Il ne sied bien qu'aux Maîtres de donner des leçons de l'Art qu'ils exercent. Je trouve très-bon que Cicéron parle d'éloquence en Orateur, & qu'Horace parle en Poëte de poësie & de goût. Mais quand le génie a trouvé les beautés, que m'importe le Rhéteur qui vient leur donner des noms ? Quand on aura fait la Poëtique de la Fable, le Fabuliste paraît qui vous dit à peu près, comme le Lacédémonien cité plus d'une fois : *ce qu'on a bien dit, je le fais cent fois mieux* ; & cet homme, c'est LA FONTAINE.

PATRU, dit-on, vouloit le détourner de faire des Fables. Il ne croyait pas que l'on pût égaler dans notre langue l'élégante briéveté de

Phèdre. Je conviendrai que notre langue eſt eſſentiellement plus lente dans ſa marche que celle des Romains. Auſſi, LA FONTAINE ne ſe propoſe-t-il pas d'être auſſi court dans ſes récits que le Fabuliſte Latin. Mais ſans parler de tant d'avantages qu'il a ſur lui, il me ſemble que ſi LA FONTAINE dans ſes Fables n'eſt pas remarquable par la briéveté, il l'eſt par la préciſion. J'appelle un Style précis celui dont on ne peut rien ôter ſans que l'ouvrage perde une grâce ou un ornement, & ſans que le Lecteur perde un plaiſir. Tel eſt le ſtyle de LA FONTAINE dans l'Apologue. On n'y ſent jamais ce qu'on appelle langueur. On n'y trouve jamais de vuide. Ce qu'il dit ne peut pas être dit en moins de mots, ou vous ne le diriez pas ſi bien. Il faut qu'on me pardonne de citer.

Un Octogénaire plantait.
Paſſe encor de bâtir; mais planter à cet âge!

Deux Coqs vivaient en paix; une Poule survient:
Et voilà la guerre allumée.
Amour, tu perdis Troye.

. . . .

Un Lièvre en son gîte songeait;
Car que faire en un gîte à moins que l'on ne songe?
Dans un profond ennui ce Lièvre se plongeait.
Cet Animal est triste, & la crainte le ronge.

JE CROIS qu'il est impossible de mêler plus rapidement le récit & la réflexion, & c'est ainsi qu'écrit toujours LA FONTAINE. Je remarque son excellent esprit dans la différence de style qui se trouve entre ses Fables & ses Contes. Il a senti que dans le Conte qui n'a d'autre objet que d'amuser, tout est bon pourvu qu'on amuse. Aussi hasarde-t-il toute sorte d'écarts. Il se détourne vingt fois de sa route, & l'on ne s'en plaint pas; on fait volontiers le chemin avec lui. Mais dans la Fable qui tend à un but que l'esprit cherche toujours, il faut aller plus vîte, & ne s'arrêter sur les objets que pour les rendre plus frappans. Dans cette partie, comme dans tout le reste, les Fables de LA FONTAINE, à un très-petit nombre près, me paraissent des chef d'œuvres irréprochables.

CE QUI PROUVE encore, qu'éclairé par un goût naturel, il réglait sa manière d'écrire sur la sévérité du genre, c'est que négligé dans ses Contes, il est beaucoup plus correct dans ses Fables. Il y respecte la langue que Molière ne respectait pas assez. Non content d'y prodiguer les beautés, il s'y défend les fautes. Il savoit que si le Conte familier les fait pardonner, la Fable, plus sérieuse, ne les admet pas: & qui croira pouvoir s'en permettre, quand LA FONTAINE s'en permet si peu?

CETTE CORRECTION qui suppose une composition soignée, est d'autant plus admirable qu'elle est accompagnée de ce naturel si rare & si enchanteur qui semble exclure toute idée de travail. Le plus original de nos Écrivains en est aussi le plus naturel. Je ne crois pas qu'en parcourant les ouvrages de La Fontaine on y trouvât une ligne qui sentît la recherche ou l'affectation. Il ne compose point, il converse ; s'il raconte, il est persuadé ; s'il peint, il a vu ; c'est toujours son ame qui vous parle, qui s'épanche, qui se trahit; il a toujours l'air de vous dire son secret & d'avoir besoin de le dire ; ses idées, ses réflexions, ses sentimens, tout lui échappe, tout naît du moment, rien n'est cherché, rien n'est préparé ; il se plie à tous les tons, & il n'en est aucun qui ne semble être particulièrement le sien ; tout, jusqu'au sublime, paraît lui être facile & familier. Il charme toujours & n'étonne jamais.

Ce naturel domine tellement chez lui, qu'il dérobe au commun des lecteurs les autres beautés de son style ; il n'y a que les connaisseurs qui sachent à quel point La Fontaine est poëte, ce qu'il a vu de ressources dans la poësie, ce qu'il en a tiré de richesses. On ne

fait pas aſſez d'attention à cette foule d'expreſ-
ſions créées, de métaphores hardies toujours
ſi naturellement placées, que rien ne paraît
plus ſimple. Aucun de nos Poëtes n'a manié
plus impérieuſement la langue, aucun ſur-tout
n'a plié avec tant de facilité le vers français
à toutes les formes imaginables. Cette mono-
tonie qu'on reproche à notre verſification, chez
lui diſparaît abſolument. Ce n'eſt qu'au plaiſir
de l'oreille, au charme d'une harmonie toujours d'accord avec le ſentiment & la penſée,
qu'on s'apperçoit qu'il écrit en vers. Il diſpoſe
ſi heureuſement ſes rimes, que le retour des
ſons ſemble toujours une grâce & jamais une
néceſſité. Nul n'a mis dans le rhythme une variété ſi prodigieuſe & ſi pittoreſque; nul n'a tiré
autant d'effets de la meſure & du mouvement.
Il coupe, briſe ou ſuſpend ſon vers comme
il lui plaît. L'enjambement qui ſembloit réſervé
aux vers grecs & latins, eſt un mérite ſi commun
dans les ſiens, qu'il eſt à peine remarqué. Il
eſt vrai que tant d'avantages qui dépendent

en partie de la liberté d'écrire en vers d'inégale mesure, & des privilèges d'un genre qui admet toute sorte de tons, ne pourroient plus se retrouver au même degré dans le style noble & dans le vers héroïque. Mais tant d'autres ont écrit dans le même genre ! pourquoi ont-ils si rarement approché de cette perfection ? L'harmonie imitative des Anciens, si difficile à égaler dans notre poësie, LA FONTAINE la possède dans le plus haut degré, & l'on ne peut s'empêcher de croire en le lisant que toute sa science en ce genre est plus d'instinct que de réflexion. Chez cet homme si ami du vrai & si ennemi du faux, tous les sentimens, toutes les idées, tous les caractères ont l'accent qui leur convient, & l'on sent qu'il n'était pas en lui de pouvoir s'y tromper. Je sais bien que de lourds calculateurs aimeront mieux y voir des sons combinés avec un prodigieux travail. Mais le grand poëte, l'enfant de la Nature, LA FONTAINE aura plutôt fait cent vers harmonieux, que des Critiques pédans n'auront calculé l'harmonie d'un vers.

FAUT-IL S'ÉTONNER qu'un Ecrivain, pour qui la poësie est si docile & si flexible, soit un si grand peintre en vers ? C'est de lui surtout que l'on peut dire proprement qu'il peint avec la parole. Dans quels de nos auteurs trouvera-t-on un si grand nombre de tableaux dont l'agrément soit égal à la perfection ? Je demande encore une fois qu'on me pardonne de citer. Un seul exemple parlera mieux pour LA FONTAINE que tout ce que je pourrais dire.

> Quand la Perdrix
> Voit ses petits
> En danger, & n'ayant qu'une plume nouvelle,
> Qui ne peut fuir encor par les airs le trépas,
> Elle fait la blessée, & va traînant de l'aile,
> Attirant le Chasseur & le chien sur ses pas,
> Détourne le danger, sauve ainsi sa famille,
> Et puis quand le Chasseur croit que son chien la pille,
> Elle lui dit adieu, prend sa volée, & rit
> De l'Homme, qui, confus, des yeux en vain la suit.

JE DEMANDE s'il existe en poësie un tableau plus parfait, si le plus habile peintre me montrerait fur la toile plus que je ne vois dans les vers du Poëte ? Comme le chaffeur & le chien fuivent pas à pas la perdrix qui fe *traîne avec le vers* ! Comme un hémiftiche rapide & prompt vous montre le chien qui *pille* !.. Ce dernier mot eft un élan, un éclair ; & avec quel art l'autre vers eft fufpendu quand la perdrix *prend fa volée* ! Elle eft en l'air, & vous voyez long-temps l'homme immobile, *qui, confus, des yeux en vain la fuit*. Le vers fe prolonge avec l'étonnement.

LA FABLE dont j'ai tiré ce morceau me rappelle avec quelle étonnante facilité cet Ecrivain fi fimple s'élève quelquefois au ton de la plus fublime philofophie & de la morale la plus noble. Quelle diftance du corbeau qui laiffe tomber fon fromage, à l'éloquence du Payfan du Danube, & à cette fable * que je viens de citer ; fi pourtant on ne doit pas

---

* La première du dixième Livre.

donner un titre plus relevé à un ouvrage beaucoup plus étendu que ne doit l'être un simple apologue, à un véritable poëme sur la doctrine de Descartes, plein d'idées & de raison, mais dans lequel la raison parle toujours le langage de l'imagination & du sentiment ! Ce langage en effet est par-tout celui de LA FONTAINE : il a beau devenir philosophe ; vous retrouvez toujours le grand poëte & *le bonhomme.*

VOUS RETROUVEZ sur-tout cette sensibilité, l'ame de tous les talens; non celle qui est vive, impétueuse, énergique, passionnée, & qui doit animer la Tragédie ou l'Épopée & tous les grands ouvrages de l'imagination, mais cette sensibilité douce & naïve qui convenait si bien au genre d'écrire que LA FONTAINE avait choisi; qui se fait appercevoir à tout moment dans ses ouvrages, sans qu'il paraisse y penser, & joint à tous les agrémens qui s'y rassemblent un nouveau charme plus attachant

chant encore que tous les autres. Quelle foule de fentimens aimables répandue dans fes écrits! Comme on y trouve l'épanchement d'une ame pure & l'effufion d'un bon cœur! Avec quel intérêt il parle des attraits de la folitude & des douceurs de l'amitié! Qui ne voudroit être l'ami de l'homme qui a fait la fable des *deux amis* ? Se laffera-t-on jamais de relire celle des deux pigeons, ce morceau dont l'impreffion eft fi délicieufe, à qui peut-être l'on donneroit la palme fur tous les ouvrages de LA FON-TAINE, fi, parmi tant de chef-d'œuvres, on avoit la confiance de juger, ou le courage de choifir ? Qu'elle eft belle cette fable ! Qu'elle eft touchante ! Que ces deux pigeons font un couple charmant ! Quelle tendreffe éloquente dans leurs adieux ! Quel intérêt dans les aventures du pigeon voyageur ! Quel plaifir dans leur réunion ! Et lorfqu'enfuite le Fabulifte finit par un retour fur lui-même, qu'il regrette & redemande les plaifirs qu'il a goûtés dans l'amour, quelle tendre mélancolie ! Quel be-

C

soin d'aimer! On croit entendre les soupirs de Tibulle. Et la fable de Tircis & d'Amarante! A-t-on jamais peint l'amour avec des traits plus vrais, plus délicats? Les effets de cette passion, quand elle est encore dans toute sa pureté, ont-ils jamais été tracés avec plus d'expression & de grâce? Un tableau encore supérieur à tout le reste, c'est le poëme de Vénus & Adonis. Il est digne de la Déesse & du Héros. Le Poëte habite comme eux des lieux enchantés, & y transporte le lecteur. Jamais les jardins d'Armide, ce brillant édifice de l'Imagination, qu'elle a construit pour l'Amour, n'ont rien offert de plus séduisant & de plus doux. Vous croyez entendre autour de vous les chants du bonheur & les accens de la tendresse. Vous êtes environné des images de la volupté. Tout ce que les cœurs passionnés ont de jouissances intimes, tout ce que les jours qui s'écoulent entre deux amans ont de délices toujours variées & toujours les mêmes, tout ce que deux ames confondues l'une dans l'autre se communiquent de raviffemens & de transports ; enfin ce qu'on voudroit toujours sentir & qu'on croit ne pouvoir jamais peindre : voilà ce que La Fontaine vous représente sous les pinceaux que l'Amour a mis dans ses mains.

Quel écrivain a réuni plus de titres pour plaire & pour intéresser ? Mais aussi quel écrivain est plus souvent relu, plus souvent cité ? Quel autre est mieux gravé dans la mémoire de tous les hommes instruits, & même de ceux qui ne le sont pas ? Le Poëte des enfans & du peuple est en même temps le Poëte des Philosophes. Cet avantage qui n'appartient qu'à lui seul, peut être dû en partie au genre de ses ouvrages. Mais il l'est sur-tout à son génie. Nul auteur n'a dans ses écrits plus de bon sens joint à plus de bonté. Nul n'a fait un si grand nombre de vers devenus proverbes. Dans ces momens qui ne reviennent que trop, où l'on cherche à se distraire de soi-même & à se défaire du temps, quelle lecture choisit-on plus volontiers ? Sur quel livre la main se porte-t-elle plus souvent ? Sur LA FONTAINE. Vous vous sentez attiré vers lui par le besoin d'un sentiment doux. Il vous calme & vous réconcilie avec vous-même. On a beau le savoir par cœur ; on le relit toujours, comme on est porté à revoir les gens qu'on aime, sans avoir rien à leur dire.

MADAME DE SÉVIGNÉ lui reprochoit, & lui-même s'accuse en plus d'un endroit, d'avoir passé trop légèrement d'un genre à un autre. Mais qu'a-t-il entrepris qui fût étranger au caractère de son génie ? Il avoit fait une comédie; & dans cette espèce de drame, l'enjouement & la naïveté ne sont pas des titres d'exclusion, & sa comédie est un des plus jolis actes qui égayent encore le théatre de Thalie. Peut-être n'a-t-il pas si bien réussi dans le roman de Psyché, trop long & trop chargé de détails, mais où l'on retrouve souvent ce naturel & cette grâce qui avertissent qu'on lit LA FONTAINE. Quel autre que lui auroit pu faire la chanfon que Pfyché entend dans le Palais de l'Amonr, & qui femble compofée par l'Amour lui-même, & cet hymne à la Volupté qu'Horace aurait envié? Quant aux autres morceaux qu'on appelle fes *œuvres mêlées*, on voit par leur peu d'étendue & par leur objet, que ce font plutôt des fantaifies que des ouvrages. Si elles ont été recueillies, quoiqu'elles ne duffent pas l'être, c'eft un tort des Editeurs ; & fi l'on y trouve un opéra, nous verrons bientôt que ce n'eft pas à lui qu'il faut s'en prendre.

Je me fuis étendu avec plaifir fur fes Fables; pourquoi fuis-je moins porté à parler de fes Contes? Ils font auffi parfaits dans un genre inférieur. C'eft toujours ce talent de la narration dans un degré unique. Quelle gaieté ! Quelle facilité ! Quelle abondance ! Quelle variété de tournures ! Que tous les Conteurs, ainfi que tous les Fabuliftes font loin de lui ! Cependant, quand il n'aurait pas fait fes Contes, feroit-il moins le grand homme, le bon - homme, l'homme inimitable ? Et qu'en dirais-je, après tout, qui ne tînt à quelqu'une des qualités que nous avons développées dans l'examen de ses Fables ? Exigera-t-on de moi que je fasse appercevoir les nuances délicates que son goût naturel a dû mettre dans la distinction de ces deux genres ? Faut-il toujours analyser ? Le dirai-je ? Je répugne à m'occuper long-temps de ces Contes. Ils ont troublé les derniers momens de LA FONTAINE. La sévérité de la Morale chrétienne les réprouve. L'Auteur se les reprocha lui même avec amertume. Devait-il avoir des sentimens amers, celui qui nous en a donné de si agréables ?... Il auroit voulu n'avoir pas fait ces Contes. Il en demanda pardon.... Allons, du moins les rigoristes les plus durs feront grâce à ses vers en faveur de son repentir. Bon LA FONTAINE ! je ne parlerai pas de tes Contes. Je suis trop pressé de parler de toi.

SECONDE PARTIE.

Quand la postérité juge les Écrivains & les Artiftes qui ont des droits à fon admiration, au moment où les hommages qu'elle rend à leur génie, vont s'étendre jufqu'à leur perfonne, fouvent la Vérité accufatrice arrête la plume du Panégyrifte. C'eft pour l'Envie une confolation & une vengeance. C'eft un fentiment trifte pour les ames bien nées. Il eft fi doux d'aimer ce que l'on admire! La louange eft l'expreffion du plaifir. Qu'il eft affligeant d'y mettre des reftrictions! Qu'il eft douloureux de condamner l'homme, lorfqu'on doit tant de de reconnoiffance à l'Ecrivain ! Sans doute quiconque vit fous les yeux de la Renommée, a des juges inflexibles dans ceux qu'il force de s'occuper de lui. Il ne doit pas s'attendre à faillir obfcurément; & dès qu'on prétend à la gloire, on avertit la Cenfure. Qu'il eft rare de lui échapper ! Qu'il eft rare que l'inéxorable Equité ne laiffe aucune tache fur le vêtement de gloire dont la Poftérité enveloppe les mânes illuftres! O quel plaifir j'éprouve en ce moment où je puis me dire: Tout le monde a aimé, tout le monde aime celui que je loue! Perfonne ne voudra contredire l'hommage que je lui rends. Nulle accufation ne l'affoiblira. La voix du blâme & du reproche ne s'élevera pas contre mes louanges. Quand je viens jeter des fleurs fur fa tombe, la main du détracteur ne repouffera pas la mienne : le plus aimable des Ecrivains fut encore le meilleur des hommes!

JE NE VEUX PAS DIRE fans doute que LA FONTAINE n'eût pas les imperfections qui font le partage de l'humanité; mais il n'eut aucun des vices qui en font la honte, & il eut plufieurs des vertus qui en font l'ornement. Ses contemporains nous ont tranfmis l'idée généralement reçue de la bonté de fon caractère: non qu'ils nous en racontent aucun trait frappant; il paraît que c'était en lui une qualité habituelle & reconnue, qui se manifestait en tout, sans se faire remarquer en rien. Qu'il devait être bon, celui qui a fait de si beaux ouvrages, & de qui sa servante disait qu'*il était plus bête que méchant, & que Dieu n'aurait pas le courage de le damner!* Ce qui achève de déposer en sa faveur, c'est que ce talent poëtique qui donne tant de facilités pour la vengeance, & qui n'en fournit que trop les motifs & l'occasion; ce talent dont il est presque sans exemple qu'on n'ait pas quelquefois abusé; ce talent qui est dans ses écrits, le charme & l'instruction de l'Univers, n'a été qu'une seule fois une arme dans ses mains. Il fit une Satire contre Lully. Une Satirre! s'écriera-t-on! LA FONTAINE! Pourquoi le dire dans son Eloge? Parce qu'il faut dire la vérité, & parce que cette Satire même est d'un bonhomme. Oui, cette Satire est un chef-d'œuvre, précisément parce qu'on y trouve toute la candeur de LA FONTAINE. Il raconte de la meilleure foi du monde comment le Florentin l'a

dupé, & il avoue que cela n'était pas difficile.
Je me sens né (dit-il) pour être en butte aux méchans tours.

Vienne encore un Trompeur ; je ne tarderai guère.

Lulli l'avait engagé, malgré toutes ses répugnances, à composer des paroles d'Opéra ; & après l'avoir amusé long-temps, il n'en fit aucun usage. Le Fabuliste accoutumé à jouir de l'indépendance de son esprit, eut de l'humeur, pour la première fois peut-être, d'avoir été forcé à un travail qui lui déplaisait, & de finir par être trompé. Il confia son humeur à ses vers, à qui volontiers il confiait tout. Il leur avoue comment il a fait, malgré lui, un Opéra pour le *Florentin* qui lui a demandé *du doux, du tendre,* & comment *le Florentin* s'est moqué de lui ; & il conclut qu'il faut se méfier *du Florentin*. Voilà la méchanceté de LA FONTAINE. Le bon-homme !

EST-CE ENCORE par une suite de ce même ressentiment, & pour montrer sous un jour odieux les gens du pays de Lulli, qu'il a fait la comédie du Florentin, si pleine de gaieté & de bon comique, comme on dit que le Sage composa Turcaret pour se venger d'un homme de finance ? Si l'on a dit vrai, voilà des vengeances qui n'appartiennent qu'au talent, & les seules qu'on ne lui reprochera pas.

SA CANDEUR était égale à sa bonté. Il était dans sa conduite & dans ses discours aussi vrai, aussi naïf que dans ses écrits. Il paraît que la réflexion & la réserve, si nécessaires à la plupart des hommes qui ont quelque chose à cacher, n'étaient guères faites pour cette ame toujours ouverte, dont tous les mouvemens étaient prompts, libres & honnêtes ; pour cet homme qui seul pouvait tout dire, parce qu'il n'avait jamais intention d'offenser. Ce mot si connu, *je prendrai le plus long*, aurait été dans la bouche de tout autre une impolitesse choquante. Il fait rire dans LA FONTAINE, qui ne songeait qu'à dire bonnement combien il avait envie de s'en aller.

IL RÉCLAME quelque part contre l'axiome reçu que tout homme est menteur. S'il en est un qui n'ait jamais menti, on croira volontiers que c'est LA FONTAINE. Cette ingénuité de mœurs & de paroles allait si loin que ses amis l'appelaient quelquefois bêtise ; mot qu'on ne pouvait se permettre sans conséquence, que pour un homme de génie, mais qui prouve en même temps que les hommes ne jugent guères de l'esprit que sur les rapports qu'il a avec eux. L'esprit, sur chaque objet, dépend toujours du degré d'attention qu'on y apporte. Il n'en falloit pas beaucoup sans doute pour observer toutes les petites convenances de la société. LA FONTAINE accoutumé à la jouissance de ses idées ou au plaisir de ne songer à rien, oubliait le plus souvent ces convenances; & cet oubli, on l'appelait bêtise. Remarquons pourtant que si cet oubli avait paru tenir le moins du monde à un sentiment de supériorité ou de mépris, il aurait été sans excuse. Mais chez lui, c'était la préoccupation de son talent; &, grâce à la douceur de son caractère, elle pouvait amuser quelquefois, & ne pouvait jamais blesser.

Il était naturellement distrait. Il n'est pas sans exemple qu'on ait cherché à le paraître. Il faut que l'on fasse grand cas de la singularité, puisqu'on affecte même celle qui est en défaut.

S'il était si souvent seul au milieu de la société, il devait manquer absolument de cet esprit de conversation, l'un des grands moyens de plaire, qui, s'il ne conduit pas à la renommée, a souvent mené à la fortune. Cet esprit n'est pas nécessaire à la gloire du talent, & il importe peu à la postérité que LA FONTAINE l'ait eu. Mais il ne faut pas en prendre occasion de déprécier ceux qui l'ont possédé, comme font trop souvent des panégyristes mal-adroits, qui convertissent en défauts toutes les qualités que leur héros n'avait pas. De grands Ecrivains ont mis dans leur conversation les agrémens que l'on trouvait dans leurs écrits. De grands

Ecrivains ont manqué de cet avantage. Boileau, dans la société, était austère & brusque; Corneille embarrassé & silencieux; Racine & Fénelon étaient pleins d'urbanité, de grâce & d'éloquence. Ces différences tiennent au caractère, & non pas au degré de génie. Une qualité essentielle pour plaire & briller dans un entretien, c'est la disposition à s'intéresser à tout. Le fond du caractère de LA FONTAINE était une profonde indifférence pour un gr an dombre d'objets; sorte de philosophie qui a bien autant d'avantages que d'inconvéniens, & qui est très-près du bonheur.

IL FALLAIT BIEN qu'on lui pardonnât la distraction qu'il portait dans le monde, puisqu'elle s'étendait même sur ses affaires domestiques. Jamais homme n'en fut moins occupé. Cette négligence qui détruisit par degrés sa médiocre fortune, était la suite d'un grand désintéressement; qualité qui marque toujours une ame noble. Une fois tous les ans il quittait la capitale pour aller voir sa femme retirée à Château-Thierry, & là il vendait une petite partie de fon patrimoine qu'il partageait avec elle. C'eft ainfi qu'*il s'en allait*, comme il le dit lui même, *mangeant fon fonds avec fon revenu.*

IL EUT DONC une femme avec laquelle il ne put pas vivre, cet homme d'une humeur fi égale & fi facile! Cette femme avait de la beauté & de l'efprit. Celle de Molière avait auffi de l'un & de l'autre, & le rendit malheureux. Mais le Philofophe LA FONTAINE, plus prudent que le Philofophe *Molière* qui fut toute fa vie amoureux & jaloux d'une femme qui le défolait ; LA FONTAINE, regardant le repos comme le premier des biens, fe fépara d'une compagne qui lui ôtait cette paix domeftique fans laquelle la vie eft infupportable. On peut repouffer la force par la force, & combattre un ennemi. Mais comment combattre ce qu'on aime, & repouffer la foibleffe qui vous tyrannife en mettant la pitié entre elle & vous ?

LE CHAGRIN que cette séparation dut lui causer fut adouci par les consolations de l'amitié. Il méritait d'avoir des amis : il en eut parmi les Gens de Lettres; & c'étaient les plus célèbres. Il eut à la Cour des protecteurs & même des bienfaiteurs, (ce qui n'est pas toujours la même chose) & c'était ce qu'elle avait de plus brillant, les Contis, les Vendômes, sur-tout cet illustre Duc de Bourgogne, l'Elève de Fénelon, qui a laissé une mémoire adorée & digne de son Maître. Ce fut ce Prince dont les bienfaits contribuèrent à le retenir en France, lorsque perdant par la mort de Madame de la Sablière l'asyle qu'il avait chéri pendant vingt ans, il était près d'accepter celui que la Duchesse de Mazarin, la fameuse Hortence, lui offrait auprès d'elle en Angleterre où elle était retirée avec S. Evremond. Mais comment nommer Madame de la Sablière, sans bénir la mémoire de l'excellente amie de LA FONTAINE, de sa digne bienfaitrice, qui s'était fait un devoir & un plaisir d'écarter loin de lui tous les soins, tous les embarras,

embarras, tous les besoins? Femme respectable, ornement d'un sexe qui peut-être doit avoir plus de bienfaisance que le nôtre, puisqu'il est plus porté à la pitié, ou qui du moins doit rendre ses bienfaits plus aimables, puisqu'il a plus de délicatesse; c'est auprès de toi que LA FONTAINE composa ses chef-d'œuvres; & ton nom dans la postérité sera toujours placé à côté du sien. Tu-t'es chargée de son bonheur; il s'est chargé de ta gloire, si pourtant la gloire est quelque chose près du plaisir de faire le bien.

Qu'un Ami véritable est une douce chose!
Il cherche vos besoins au fond de votre cœur.

JE ME PLAIS à croire que LA FONTAINE, quand il fit ces vers, songeoit à Madame de la Sablière. Ces vers & ceux qui les suivent suffiraient seuls pour nous prouver que cet homme si indifférent & si apathique sur la plupart des choses qui tourmentent les hommes, avoit senti l'amitié. Je sais qu'on prétend que

D

les vers ne trouvent jamais rien que de l'imagination. Mais je persiste à croire qu'il y en a que l'ame seule a pu dicter. C'est une vérité qui m'est démontrée, ne fût-ce que par les écrits de LA FONTAINE; & si cette preuve ne suffisait pas, on citerait ce mot si connu, le plus grand éloge que deux amis ayent jamais fait l'un de l'autre, cette réponse à M. d'Hervart lorsqu'il le rencontra après la mort de Madame de la Sabliere : *J'allais vous prier de venir loger chez moi*, lui dit M. d'Hervart : *J'y allais*, dit LA FONTAINE.

OUBLIERONS - NOUS parmi ses bienfaiteurs, celui qui le fut avant tous, le généreux & infortuné Fouquet ? Peut-être ne serait-ce pas pour le Surintendant un grand honneur dans la postérité que le nom de LA FONTAINE se trouvât parmi les Protégés illustres qui peuvent flatter l'amour-propre d'un homme en place, si l'on ne savait d'ailleurs que Fouquet pensait noblement & méritait d'être aimé. Mais ce qui sans doute est une espèce de mérite plus rare que les bienfaits du Ministre, c'est la reconnoissance éclatante du Poëte. Qu'il nous soit permis de remarquer en faveur des Gens de lettres, dont on n'est que trop porté à exagérer les fautes, non qu'ils en commettent plus que d'autres, mais parce qu'elles sont plus connues ; qu'il nous soit permis de remarquer qu'il n'y a point de classe d'hommes où l'on trouve plus d'exemples de ce genre de courage, l'un des plus rares peut-être, qui consiste à mettre l'amitié & la reconnoissance hors de la portée des coups de la fortune. On connaît, on cite beaucoup d'Hommes de lettres, & dans le siècle passé & dans le nôtre, dont l'attachement pour leurs amis & leurs protecteurs a toujours été à l'épreuve de la disgrâce ; soit qu'en effet la culture des arts qui ne garantit pas des erreurs & des passions, préserve au moins de l'avilissement ; soit que principalement occupés de la gloire des lettres, ceux qui en sont bien épris s'élèvent plus aisément

D ij

au-deſſus des baſſeſſes de l'ambition & de l'intérêt. Dans le moment où le malheureux Surintendant voyait fuir la foule de ſes créatures, où l'on ne craignoit rien tant que de paraître l'avoir connu, deux Hommes de lettres employèrent leurs talens à ſa défenſe. Peliſſon écrivit ſes éloquens plaidoyers ; LA FONTAINE compoſa cette élégie attendriſſante où il demande grâce pour Fouquet, & oſe dire au Roi qu'il doit la faire. Il y avait du courage ſans doute à contredire publiquement l'opinion & même la colère de LOUIS XIV ; mais je ſuis bien ſûr que LA FONTAINE, quand il fit ſon élégie, ne croyait pas avoir beſoin de courage.

C'EST APRÈS la diſgrâce de Fouquet qu'il entra en qualité de Gentil-homme chez cette Princeſſe que l'éloquence & la poëſie ont tant célébrée, HENRIETTE d'Angleterre, dont la mort conſterna la France, & nous épouvante encore dans Boſſuet. Si LA FONTAINE a pu, comme un autre, être bercé par les songes de l'ambition, cette mort les fit bientôt évanouir, & je doute qu'il les ait beaucoup regrettés. C'est à cette époque qu'il appartint tout entier à l'amitié bienfaisante. Pour un homme de son caractère, elle valait mieux que la fortune.

AUTANT qu'il nous est possible de juger du bonheur, qui trompe nos idées comme il échappe à nos projets, la vie de LA FONTAINE fut assez heureuse. C'est une persuasion bien douce que je remporte de l'examen où cet éloge m'a engagé. Il fut heureux. Tant de grands hommes ne l'ont pas été ! Il le fut par son caractère & par ses ouvrages. Plein d'une modestie vraie, de celle qui n'est pas & ne peut pas être l'ignorance de nos avantages, mais l'attention à n'en affecter aucun sur autrui ; on ne voit pas qu'il ait jamais eu d'ennemis. Et comment en auroit-il eu ? Sa simplicité extérieure devoit calmer jusqu'à l'envie. Comme il ne prétendait rien, on lui pardonnait de mériter beaucoup. On fait que dans un moment d'effusion, Molière difait : *nos beaux-efprits n'effaceront pas le bon-homme.* L'un de ces beaux-efprits était Defpréaux. On a peut-être autant de peine à lui pardonner fon filence fur LA FONTAINE que fon injuftice envers Quinault. Était-il de la deftinée de Boileau d'offenfer les Grâces ou par fes fatires ou par fon filence ? On voit du moins par fa Lettre fur Joconde qu'il a fenti le merveilleux talent de LA FONTAINE pour la narration. Mais pourquoi la Fable & le modèle des Fabuliftes n'occupent-ils pas une place dans l'Art Poëtique ? L'Auteur fe ferait ménagé un beau morceau de plus, &, ce qui eft plus précieux, le plaifir de rendre juftice.

LA FONTAINE était du petit nombre des écrivains plus véritablement heureux par leurs talens que par leurs fuccès. Sans être infenfible à la gloire, il ne paraît pas l'avoir trop recherchée. Il obtint les fuffrages de l'Académie avant Defpréaux qui obtint avant lui l'aveu de LOUIS XIV. La Poftérité dans la diftribution des rangs, a paru fuivre plutôt l'avis de l'Académie que celui du Monarque. Vivant dans le fein de l'amitié, affez bien né pour ne fentir que la douceur des bienfaits fans en porter jamais le poids, débarraffé de toute inquiétude, ne connoiffant ni l'ambition ni l'ennui, incapable d'éprouver le tourment de l'envie, & trop modéré, trop bon pour être en butte à fes attaques ; il jouiffoit de la Nature & du plaifir de la peindre, du travail & du loifir, de la facilité de fe livrer à tous fes goûts ; il jouiffoit de fes fentimens, de fes idées & du plaifir de les répandre ; enfin il était bien avec lui-même, & avait peu befoin des autres ; & tandis que fes années s'écoulaient fans qu'il les comptât, il voyait arriver la vieilleffe fans la craindre, comme on voit *le foir d'un beau jour.* *

---

* Rien ne trouble fa fin ; c'est le foir d'un beau jour.
LA FONTAINE.

Vous voyez par-tout dans ses ouvrages un esprit serein & une ame satisfaite. Lui-même dit quelque part :

A beaucoup de plaisirs je mêle un peu de gloire.

On connait son épitaphe. C'est à coup sûr celle d'un homme heureux. Mais qui croirait que ce fût celle d'un poëte ? Ce pourrait être celle de Desyveteaux. Il partage sa vie en deux parts, *dormir & ne rien faire*. Ainsi ses ouvrages n'avaient été pour lui que des rêves agréables. O l'homme heureux que celui qui, en faisant de si belles choses, croyait passer sa vie *à ne rien faire* !

Quoique depuis sa mort le temps l'ait agrandi dans l'opinion des hommes, sa réputation s'étendit de son vivant chez les Etrangers. Des Particuliers Anglais offrirent de lui assurer une subsistance aisée, lorsque Madame de Mazarin l'appela en Angleterre. Il dut être flatté de leurs offres ; mais rendons grâce au Duc de Bourgogne, de ce que, sous le règne de LOUIS XIV, l'Angleterre n'a pas été chargée de nourrir LA FONTAINE.

IL AIMAIT les femmes, c'est-à-dire qu'il était naturellement porté aux égards, à la complaifance & au refpect pour ce fexe, qui, toujours ambitieux de plaire, eft flatté furtout d'en avoir à tout moment l'affurance. On a remarqué que cet Auteur qui, dans fes écrits, avait fi fouvent plaifanté fur les femmes, était à leur égard d'une extrême réferve dans la converfation. Il eft reconnu que fes mœurs étaient pures. On voit par plus d'un endroit de fes ouvrages que fon cœur avait goûté les plaifirs & même les peines de l'amour; mais il y porta la douceur & la modération de fon ame: aucun excès n'entrait dans le caractère de LA FONTAINE.

IL N'Y AVAIT qu'une conjoncture où cette tranquillité toujours inaltérable femblait l'abandonner, & cette exception lui fait honneur.

C'est lorsqu'on venoit lui demander des conseils dans des circonstances épineuses, ou des secours contre l'infortune. Alors il écoutait avec l'intérêt le plus tendre, & consolait en pleurant. Alors cet homme si étranger à ses propres affaires, trouvait des lumières & des ressources quand il s'agissait d'autrui. Ainsi donc ce n'était qu'aux malheureux qu'il accordait le droit de troubler son repos, & il n'avait de la prudence que pour les intérêts des autres.

QUOIQUE porté à la paresse, il ne négligea pas les connoissances éloignées de ses talens. Il étudia avec son ami Bernier les principes de Descartes & de Gassendi. La question long-temps fameuse du mécanisme des bêtes est très-ingénieusement discutée dans la fable que j'ai déjà citée, adressée à Madame de la Sablière. Ainsi LA FONTAINE avait fait tout ce qu'on peut demander à un homme occupé d'ouvrages d'imagination. Il n'était pas resté au dessous de la philosophie de son siècle.

LA MALADIE dont il fut attaqué deux ans avant sa mort produisit dans son ame cette entière révolution qui livra aux austérités expiatoires un homme qui pendant tout le cours de sa vie s'était cru si loin du crime & du remords *, & qui, pour me servir d'un vers de Despréaux, beaucoup moins applicable à lui qu'à LA FONTAINE,

Fit, sans être malin, les plus grandes malices.

SA VIE ne fut depuis ce moment qu'une langueur continuelle. Il mourut en offrant à Dieu un cœur docile, ingénu & repentant. Il fut porté dans le même sépulcre qui avait reçu Molière, comme si la même destinée qui avait rapproché leur naissance eût dû réunir leur tombeau.

SA MÉMOIRE a été honorée dans sa postérité. Sa famille qui réside encore dans la Ville

---

* Lorsque le temps viendra d'aller trouver les morts, J'aurai vécu sans soins, & mourrai sans remords.

où il est né, a eu lieu de s'applaudir plus d'une fois de l'honneur de lui appartenir. On n'oubliera jamais le Magistrat [1] qui le premier a voulu qu'elle fût exempte de toute imposition, croyant sans doute que LA FONTAINE avait payé à la France un assez beau tribut, en lui laissant ses écrits & son nom. Il est donc de la destinée du Génie de travailler rarement pour lui-même, & de n'avoir de puissance que dans l'avenir ! LA FONTAINE est négligé pendant sa vie. Les libéralités de LOUIS XIV, prodiguées même aux Etrangers, s'éloignent de lui ; & quand il n'est plus, on distingue, on récompense ceux qui n'ont d'autre titre, d'autre avantage que son nom. Les Princes du Sang de nos Rois, les Filles augustes du Monarque [2] regardent comme un dépôt digne

---

[1] M. D'Armenonville.

[2] Le seul fils qu'ait eu LA FONTAINE a laissé deux filles qui vivent encore à Château-Thierry, & un fils qui est mort employé dans les Fermes ; il reste de

de leurs mains royales l'éducation de la nièce & du neveu de LA FONTAINE ! Ces heureux enfans croissent sous cette protection bienfaisante, en bénissant l'Homme illustre, qui, près d'un siècle après sa mort, peut beaucoup plus pour eux qu'il n'a jamais pu pour lui ! Oh ! que le génie se dise à lui-même en voyant cet exemple & tant d'autres : « Ce n'est pas à moi
» d'attendre beaucoup des hommes ; c'est à
» eux d'attendre beaucoup de moi. Quand
» j'aurai parcouru ma carrière au travers des
» écueils, & que j'aurai atteint le but de ma

---

ce dernier deux filles & un fils ; l'une des deux filles est auprès de ses tantes ; l'autre est élevée dans un couvent auprès de Versailles, sous la protection de Mesdames ; Monseigneur le Duc d'Orléans a bien voulu se charger du fils qui est très-jeune encore, & le fait élever. Messieurs les Fermiers-Généraux ont fait présent aux deux petites filles de LA FONTAINE établies à Château-Thierry d'un très-bel exemplaire de la magnifique Edition de LA FONTAINE, *in-folio*. Tous les nouveaux Intendans de la Province, & les Etrangers qui passent par Château-Thierry, vont leur rendre visite.

» courſe, les Générations futures s'aſſemble-
» ront autour de ma tombe, & diront: il
» étoit grand. Alors on me recherchera dans les
» monumens que j'aurai laiſſés, non plus pour
» en épier les défauts, mais pour en relever
» la beauté. Mes deſcendans recevront les
» honneurs qu'on m'avait refuſés. Il ne m'eſt
» permis de jouir qu'en eſpérance, & je ne
» sème pas pour recueillir. Mais quel prix plus
» flatteur pourrais-je prétendre? Je ferai du
» bien, même quand je ne ferai plus. Plus
» d'une fois peut-être un ſentiment de vertu
» exprimé dans mes ouvrages produira une
» action vertueuſe; plus d'une fois l'expreſ-
» ſion de ma ſenſibilité fera tomber de douces
» larmes des yeux de l'homme ſenſible; je
» conſolerai le cœur infortuné, & j'adoucirai
» l'ame dure; & l'envie qui me diſpute au-
» jourd'hui mon pouvoir & mes récompenſes,
» ne pourra m'ôter du moins ni les bienfaits
» que je laiſſe après moi, ni la reconnoiſſance
» de tous les âges.

FIN.

APPROBATION

J'AI lu par ordre de Monseigneur le Garde des Sceaux, un Manuscrit qui a pour titre: *ÉLOGE DE LA FONTAINE*, par M. DE LA HARPE, & je n'y ai rien trouvé qui puisse en empêcher l'impression. A Paris ce 2 Septembre 1774. COQUELEY DE CHAUSSEPIERRE.

www.ingramcontent.com/pod-product-compliance
Lightning Source LLC
LaVergne TN
LVHW021003090426
835512LV00009B/2051